Оповідання Герда Вольфа

Ілюстрації: Мартіна Шпангенберг

Переклад: Вікторія Шевченко

Бібліографічна інформація з Німецької Національної Бібліотеки
Німецька Національна Бібліотека перераховує це видання в Німецьку Національну Бібліографію; детальні бібліографічні дані доступні в інтернеті за адресою http://dnb.ddb.de

ISBN 978-3-95954-127-5

Видавництво Йорг Мітцкат
Хольцмінден 2022
www.mitzkat.de

Eine Erzählung von Gerd Wolf

Illustrationen: Martina Spangenberg

Übersetzung: Viktoriia Shevchenko

Bibliografische Information der Deutschen Nationalbibliothek
Die Deutsche Nationalbibliothek verzeichnet diese Publikation in der Deutschen Nationalbibliografie; detaillierte bibliografische Daten sind im Internet über http://dnb.ddb.de abrufbar.

ISBN 978-3-95954-127-5

Verlag Jörg Mitzkat
Holzminden 2022
www.mitzkat.de

Dieses Buch gibt es auch auf Deutsch unter dem Titel „So Anders“,
ebenfalls im Verlag Jörg Mitzkat; ISBN: 978-3-95954-073-5.

ТАКИЙ ІНШИЙ

ГЕРД ВОЛЬФ
МАРТІНА ШПАНГЕНБЕРГ

ПЕРЕКЛАД: ВІКТОРІЯ ШЕВЧЕНКО

Видавництво Йорг Мітцкат
Verlag Jörg Mitzkat

Зійшло сонце. Цього ранку в Лунауталь повітря трішки пахло пліснявою. Вівці на пасовищі повільно прокидалися. Вони підіймали голови. Вони позіхали, простягали кінцівки і погойдувалися вперед та назад. Вони повільно розбрідалися після того, як міцно притискалися один до одного цієї холодної ночі.

Вівці фермера Кезе були давно знайомі. Вони були невеличким стадом і жили разом, як велика родина. Були дідусі й бабусі, багато мам та декілька татусів і також багато дівчаток та хлопчиків-овечок.

Одразу після підйому всі теревенили навперебій. Зранку вівці гомоніли дуже голосно, як завжди. Тут одна вівця вигукнула: «Гей стадо, я бачу фермера. Звідти їде зелений трактор».

Стадо одразу почало рухатися, спочатку повільно, а потім швидше і швидше. Всі побігли до хвіртки в плетеному паркані, де зупинився зелений трактор із невеликим причепом за ним.
Фермер Кезе трохи розумів овечу мову, але він розмовляв з вівцями німецьким діалектом.
Вони його цілком добре розуміли. Фермер Кезе зіскочив з трактора донизу. Він і сьогодні був одягнений у свій потертий синій комбінезон, в якому однієї лямки через плече вистачало, щоб штани не спадали.
Це були його улюблені штани.
«Хо-хо-хо», — вимовив фермер. «Хо-хо-хо. Йдіть сюди, йдіть!» — кликав він, хоча всі вже прийшли.
Це була його звичка. Він гримів чорним кормовим відром, повним вівса і смачних шматочків буряка.
Навіть цього шуму було достатньо, щоб заманити овець, що мали дуже тонкий слух.

Фермер відкрив хвіртку, швидко прослизнув на пасовище і закрив за собою вихід. За мить його оточили блекаючі вівці, які його штовхали, смикали і щипали. Найбільш їм хотілося стрибнути у відро з кормом, причому всім одночасно і разом.

«Мої малі негідники, — пролунало від фермера. Доброго ранку! Хо-хо-хо, напевно бажаєте почекати?» — він мотиляв відром над головами тварин. «Хо-хо-хо, по черзі.» Та фермер зробив по своєму, бо він знав, що сильні та великі тварини завжди намагаються прорватися вперед, а маленькі нічого не отримають. Він розігнав овець навколо себе й побіг до годівниць біля паркану. Він миттю висипав туди вміст відра. Тож усі вівці могли їсти одночасно і поруч. Фермер Кезе трохи відійшов і спостерігав з боку.

Потім він пішов назад до причепа. Він дістав з нього щось рухливе і поніс на руках на пасовище. Це було маленьке ягня.
Фермер Кезе поставив його на землю, позаду стада. Вівці їли і не звертали на нього увагу через сильний голод і насолоду.
Ягня виглядало дуже особливо. На ньому були масивні окуляри, а на коротких ніжках було одягнуто чорні підколінники. Це була вівця, але виглядала вона дивно. Ягня стояло осторонь і чекало.
«На все добре», — буркнув фермер. Він погладив хутро нової вівці. Потім він засунув руки в кишені штанів, повернувся до трактора і поїхав геть.

Коли інші тварини, закінчивши снідати, обернулись вони побачили чужинця. Вони були здивовані і дивились з цікавістю. Невдовзі зібралося все стадо і стало біля нього півколом. Такого вони ще ніколи не бачили. Вівці перемовлялися між собою.

«Звідки ж воно взялося?»
«Це теж вівця?»
«Таке мале, а як виглядає!»
«Воно може читати в окулярах?»
«В середині літа підколінники,
так не піде!»
«Воно виглядає розумно, чи не так?»
«Ні, скоріше самовдоволено».

Нарешті старий ватажок
отари Якунда набрався
мужності й зробив крок
уперед.
«Гей, ти хто? Ми тебе раніше
ніколи не бачили».
«Я Такий Інший», — відповіло ягня в окулярах.
«Так, ми це бачимо, але як тебе звати»?
Ватажок був спантеличений. Принаймні
чужинець говорив їх мовою.

«Мене звати Такий Інший.
Такий — це ім'я, а Інший — це прізвище.
Мій батько зветься Зовсім Інший, моя мати Дуже Інша.
Інший — це наше прізвище».
По стаду рознеслося буркотливе мукання.
«І звідки ти раптом взявся?» — хотів знати ватажок.

Вівця в окулярах та підколінниках, точніше Такий Інший, озирнувся.

«Я з Іншої країни. Але я не міг там залишитися. Там більше не було їжі. В Іншій країні була тривала посуха, отож наша родина вирішила переселитися. Ми були змушені покинути Батьківщину».

Стадом лунало бурмотіння. Ніхто не покидає Батьківщину без потреби, ватажок це знав.

«Але жодне ягня не подорожує без своєї родини. Де всі Інші, Інший?»

«У довгій подорожі ми загубилися через негоду. Мої батьки, брати, сестри та я. Була жахлива гроза зі шквалом, дощем, блискавкою та громом. Нас рознесла бурхлива вода. Фермер мене врятував. Він обіцяв, що знайде і мою родина».

На цей раз стадо стихло.

«Погана історія», — Ватажок кивнув і, начебто, задумався.

«Скажи, Такий Інший, а чому ти носиш окуляри?»
«У нас всі вівці носять окуляри. Щоб дійсно добре бачити. Це нормально і само собою зрозуміло.
Малі ягнята з'являються на світ вже в окулярах. Я весь час дивуюся, як ви знаходите корм без окулярів».
В стаді знову здійнялося мукання і бурчання.
Деякі вівці похитували головами, інші — хвостами.
Молоді ягнята намагалися протиснутися вперед.
«А дивні підколінники, чому ти одягнув підколінники, Такий Інший»?

«Я Інший», — відповіла вівця в окулярах та підколінниках. Підколінники це мій родинний знак; але ви ж цього не знаєте. У нас в Іншій країні всі вівці виглядали зовсім однаково. У школі вчителі не могли розрізнити учнів. Батьки не знаходили своїх дітей. Та навіть під час гри ми не могли відрізнити одного від іншого. Тому було вирішено, що кожна родина розробить свій особливий знак.

Одні носили капелюх, інші малювали на шерсті червону зірочку, треті мастили ніс коричневими чорнилами. Ми, сім'я Інші, завжди одягали підколінники. Це була ідея моєї матусі. З власної шерсті, крашені власноруч. Круто, чи не так»?

Зі стада лунало та виривалося неголосне бурчання. Малі ягнята стояли тепер в першому ряду. Вони були в захваті. Якби їх мами не втримали їх, вони б обов'язково побігли вперед, щоб разок потягти коротенькі підколінники. «Саме так і було в Іншій країні», — Такий Інший ледь зітхнув і підтягнув зубами задні підколінники вище.

«Твої історії дуже чужі для нас. Ти один. Що ти збираєшся зараз робити?» — запитав ватажок.
«Я думав, що залишуся з вами. Фермер дав мені зрозуміти, що з цим не буде проблем. Я міг би приєднатися до вас».

Стадо збентежилося. Деякі вівці витягнули голови. Мукання та блеяння стали дуже гучними, всі розмовляли навперебій. Найбільш було чутно уривчасте «ні, ні, ні» та «але, але».
Це звучало як сварка. Такий Інший відступив. Оце так безлад, подумав він.
«Хвилиночку, хвилиночку! Тиша, спокійно!» — Ватажок енергійно виляв хвостом. Він підстрибнув на передніх ногах і спробував перекричати стадо.

«Нумо! Стадо! Слухайте сюди! Так ми нічого не вирішимо. Нам треба порадитися. Спокійно. Давайте, люди, всі за мною!», — Так він прокричав та побіг геть.

Стадо кричало «Меeee» та блеяло як навіжене. Потім всі вівці помчали до кущів та зникли за ними.

Матері мали якнайшвидше схопити своїх ягнят. Бо вони дуже воліли пограти з Таким Іншим.

Такий Інший спостерігав. Як він себе почував?

Як тільки всі опинилися за кущем, галаслива плутанина продовжилася. «Зупиніться», — закликав ватажок, — не всі одночасно. По черзі. Кожен зможе висловитися. Я лідер». Це подіяло на овець, вони кивнули головами. Потім почалося обговорення. Ватажок давав слово всім по черзі.

Були такі питання:
«Чого він від нас хоче?»
«Чи з'їсть він усю нашу траву?»
«Чому він виглядає так дивно?»
«Звідки він знає нашу мову?»
«Хіба він не може піти до сусідів?»

І такі думки:
«Такий Інший це проблема.»
«Він бідолашний хлопець.»
«Він змушує нас сваритися.»
«Нехай фермер візьме його в свій будинок!»
«Окуляри і підколінники – це нова мода. Ми цього не хочемо.»
«Навпаки, ми їх теж хочемо...»

Хто дійсно зрадів появі Такого Іншого, так це ягнята. Але в обговоренні вони не мали права на голос.

Ватажок отари Якунда все вдумливо вислухав. Він був вже дуже старий та мудрий. Чому вони повинні прийняти Такого Іншого? Ватажок вважав дуже захопливою ідею про те, що вівці мають відрізнятися. Життя стало б яскравішим. Не завжди була б лише нудна біла шерсть. Можливо ідея з окулярами теж не така й погана. Хтозна, чого вони не побачили протягом пройдешнього життя на пасовищі фермера Кіза, бо не носили окулярів? Цікаво, чи позичить Такий Інший окуляри ...

«Беееее! Стережись! Бшшшш!»
«Допоможіть!! Гей!! Стадо!! Сюди!!» — крик долинув із -за куща, овечий голос з іноземним акцентом.
Мабуть це був Такий Інший.

Стадо миттю промчало навколо куща.
— Що? Де?
Вони нічого не бачили. Вони бачили тільки Такого Іншого. Він стояв на місці як вкопаний й уважно дивився в одному напрямку.
«Там, позаду. Біля паркану», — прошепотів він, коли всі були поруч з ним. І зараз стадо теж побачило те, що не побачили без окулярів, величезну коричневу собаку.
Або це був навіть вовк?
Що ж робити? Фермер був далеко, а вівці слабкі. Але їх було багато.

Тут у Такого Іншого виникла ідея:
«Давай щось заспіваємо. Ми завжди так робили вдома, коли приходили дикі звірі».
Зграя вишикувалася в коло, мов хор. Такого Іншого пустили в перший ряд. Тоді ватажок підняв з землі вербову гілку і почав диригувати. Усі співали з усієї сили.
Почалося несамовите, багатоголосе блекання та мекання.
Все голосніше і голосніше. Кожна вівця голосила, як тільки могла. До того ж додався ритм, що вибивали копитами. Дика пісня здійнялася над пасовищем. Її доповнював високий голос ватажка, який чомусь безперервно співав «Алілуя». Щоб таке слухати, треба мати не абияку хоробрість. Так подумали і птахи, що поспіхом полетіли звідти геть.
Усі вівці продовжували, доки собака не пішла.
Тоді все закінчилося. Усі були виснажені.

«Молодець», — сказав ватажок Такому Іншому. — Без тебе ми б не помітили небезпеку».
Потім він знов звернувся до отари:
«Шановні вівці, повертаюся до теми. Що буде з Таким Іншим? Ми повинні вирішити. З ним трапилася біда. В його ситуації ми б дуже зраділи, якщо нам би хтось допоміг».
Отара дивилася і мовчала. Мабуть, вони обмірковували.
«Отже, ми підходимо до голосування. Хто за те, щоб ми прийняли Такого Іншого до нашого стада? Підійміть хвоста».
Більшість хвостиків піднялися вгору. Деякі трохи вагалися. Переважна більшість була за. Вівці, які виступили проти цього, понурили голови і дмухали у траву. Хоча цим вони нічого не могли змінити.

Від радощів малі ягнята стрибали
високо вгору та бігли до Такого Іншого.
Такий Інший відчував полегшення та
був майже щасливий.

Наскільки ми потім дізналися від фермера Кіза, з того часу деякі вівці почали носити підколінники. Якунда купив собі окуляри в оптиці Хардегзена і, таким чином, справив велике враження в Лунауталь. Такий Інший добре обжився.
Часто ночами він мріє про свою родину.

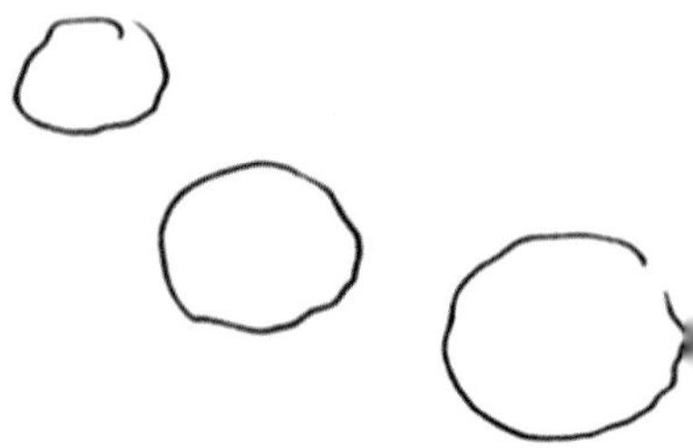

Більше на сьогодні я не можу розповісти.

Сподіваюся, фермер зможе знайти решту родини з Іншої країни.

Тоді ми вам одразу про це повідомимо.

До речі:
Для людини, яка б випадково йшла пасовищем, все б звучало однаковим і схожим. Всі овечі розмови були б як мекання на різний тон. «Вівці блекають», — кажуть люди. Чому це називається «блекання», якщо вівці кажуть «Мeee», я також не знаю.
Нормальні люди також не мають жодної уяви про овечу мову. Про це треба спитати пастухів в Золінгу. Тут ми все переклали українською. І блекання, і мекання і нижньонімецька мова фермера Кезе. Щоб наш любий читач не напружувався і не був змушений працювати зі словником. Ця історія цілком видумана. Будь-яка схожість з існуючими вівцями є цілком випадкова і ненавмисна.